UMA HORA
PARA VIVER,
UMA HORA
PARA AMAR

Richard Carlson
e Kristine Carlson

UMA HORA PARA VIVER, UMA HORA PARA AMAR

Uma história real sobre o melhor
presente que alguém poderia dar

Tradução de Alice Klesck

Título original
AN HOUR TO LIVE, AN HOUR TO LOVE
The true story of the gift ever given

Copyright © 2008 CARLSON LLC

Tomorrow Never Comes © 1989 Norma Cornett Marek.
Reproduzido com autorização.
Primeira edição publicada pela Hyperion Books,
Nova York, NY. Todos os direitos reservados.
Edição brasileira publicada mediante acordo com
Linda Michaels Limited, International Literary Agents.
Nenhuma parte desta publicação pode ser reproduzida no todo ou
em parte sob qualquer forma sem a permissão escrita do editor.

Direitos para a língua portuguesa reservados
com exclusividade para o Brasil à EDITORA ROCCO LTDA.
Av. Presidente Wilson, 231 – 8º andar
20030-021 – Rio de Janeiro – RJ
Tel.: (21) 3525-2000 – Fax: (21) 3525-2001
rocco@rocco.com.br / www.rocco.com.br
Printed in Brazil/Impresso no Brasil

preparação de originais: Nathalia Coutinho

CIP-Brasil. Catalogação-na-fonte
Sindicato Nacional dos Editores de Livros, RJ.

C281h   Carlson, Richard, 1961-2006
Uma hora para viver, uma hora para amar: uma história real sobre o melhor
presente que alguém poderia dar / Richard Carlson & Kristine Carlson;
    tradução Alice Klesck. – Rio de Janeiro: Rocco, 2008.

    Tradução de: An hour to live, an hour to love:
        the true story of the gift ever given
    ISBN 978-85-325-2287-0

    1. Amor. 2. Relações homem-mulher. 3. Amizade. 4. Luto. 5. Maridos –
Morte – Aspectos psicológicos. I. Carlson, Kristine, 1963-. II. Título.

07-4595.   CDD: 158   CDU: 159.942

*Dedico esse livro à doce memória de meu marido,
alma gêmea e melhor amigo, Richard Carlson,
um homem meigo que caminhou em paz pela terra,
com toda a ternura, ensinando ao mundo a ser feliz,
independentemente das circunstâncias.*

Sumário

AGRADECIMENTOS / *9*

INTRODUÇÃO / *13*

UMA HORA PARA VIVER,
por Richard Carlson / *19*

UMA HORA PARA AMAR,
por Kristine Carlson / *51*

Agradecimentos

EM PRIMEIRO LUGAR, gostaria de agradecer aos milhões de pessoas ao redor do mundo que leram e adoraram os livros de Richard, e enviaram suas condolências e preces. Nós fomos confortadas e sentimos a força de seu apoio.

Gostaria de agradecer às seguintes pessoas, que me ajudaram a publicar esse livro, numa época realmente difícil de minha vida: Patti Breitman, que deixou sua aposentadoria para me representar e apoiar, prestando homenagem ao legado de Richard, através desse livro; Linda Michaels, nossa agente de direitos internacionais, por sua terna amizade e incentivo; Natalie Tucker, por sua orientação e edição, que ajudou a me manter focada durante meu período de maior tristeza, nesse processo de pesar; Leslie Wells e Bob Miller, por sua fé nesse livro. Agradecimentos especiais a todos os anjos terrestres, nossos amigos e familiares, que se apresentaram para iluminar nosso caminho, no vale escuro do pesar.

Acima de tudo, eu gostaria de agradecer a minhas filhas, Jasmine e Kenna. Nesses últimos meses, vocês tomaram conta de mim, tanto quanto tomei de vocês. Vocês são a razão pela qual eu morreria, e se tornaram meu motivo de viver. Seu paizinho está muito orgulhoso de vocês, e vocês sabem o quanto ele as ama! Embora essa seja uma das épocas mais difíceis por que irão passar, eu estou muito orgulhosa por se mostrarem para a vida todos os dias, e pelas jovens surpreendentes que são. Nós quatro estaremos sempre unidos por um amor imenso – a família.

Introdução

MEU MARIDO CARREGAVA um pacote amarrado com um laço dourado e me conduzia pela mão por um caminho que ia até nosso banco predileto, escondido em meio a ciprestes e pinheiros, com vista para o Oceano Pacífico. Faltavam vinte minutos para o pôr-do-sol e, ao sentarmos, aconcheguei o rosto em seu ombro, nos abraçamos, saboreando o momento, gratos por presenciar mais um dos tesouros da natureza. Em silêncio, ele me entregou o pacote que estava em seu colo. As letras saltaram da folha de rosto que dizia:

Uma hora para viver:
Para quem você ligaria, e por
que está esperando?
Para Kris, o amor da minha vida,
em nosso 18°aniversário de casamento.
Com amor, Richard

Foi um momento embaraçoso para mim, já que o presenteei apenas com um cartão.

Sentada no penhasco enquanto Richard olhava o sol se pondo, eu li o mais belo texto que podia imaginar. Mesmo vindo de Richard Carlson, o autor prolífico, foi um presente espantoso de se receber. Fiquei imaginando de onde teria vindo aquilo. Quando virei para olhá-lo, as lágrimas corriam pelo meu rosto, e perguntei se ele estava doente, em estado terminal. Ele respondeu: "Não, simplesmente estou tão inspirado por nosso amor e pela beleza da vida que não poderia deixar de dizer essas coisas."

Como é verdadeiramente pungente e poderosa a mensagem dele agora. Três anos depois, durante os momentos mais tristes de minha vida, enquanto lamento sua morte prematura e a perda de meu verdadeiro amor e dos planos que tínhamos, para um futuro juntos que jamais acontecerá, eu me lembro de sua carta, o melhor presente que já foi dado a alguém. Todos os saquinhos de veludo da Tiffany e outras coisas belas que o dinheiro pode comprar perdem o brilho quando comparados ao amor evidente que flui dessas páginas. Há uma coisa que sei com todas as fibras de meu ser: que o amor é verdadeiramente eterno. É o âmago de nossa ligação com a vida e a forma de expressá-la. É onde Richard permanecerá puro e vivo. Estou ligada a ele até o fim dos tempos. Esse presente contém o poder da esperança e consola a mim e nossas filhas, em nosso pesar por sua perda e ao ingressarmos numa nova vida. Ao considerarmos sua mortalidade é como se Richard soubesse, em seu inconsciente, que havia essa possibilidade, assim como há para qualquer um de nós, de partir subitamente. Compartilhando seu profundo amor e gratidão, ele deu a todos nós um exemplo de como podemos viver plenamente. Ele me deu algo que irá me amparar pelo resto de minha vida.

Para sempre terei Richard em meu coração, sabendo que ele me amava plenamente e louvava tudo que compartilhamos e criamos em nossos 25 anos juntos. Tenho poucos arrependimentos ao recordar, com profunda gratidão, todos os momentos mágicos. Espero que você passe isso a alguém especial e lembre o que Richard freqüentemente dizia: "Você será mais lembrado, não por suas realizações na vida, mas pela forma que a viveu e pelo amor que trazia em seu coração."

Louve a dádiva da vida e desfrute dessa história verdadeira sobre o melhor presente que alguém poderia dar.

UMA HORA PARA VIVER

por Richard Carlson

Sempre acreditei que, para refletir sobre uma vida que vale a pena, louvável a cada passo do caminho, é uma boa idéia saltar adiante e olhar para trás. Essa é uma ótima forma de se obter uma perspectiva imediata e precisa sobre o que é realmente importante agora.

Dentre todas as minhas citações prediletas, destaco a do autor Stephen Levine. Ele diz: "Se você tivesse apenas uma hora de vida e só pudesse dar um telefonema, para quem seria, o que diria... e por que está esperando?" É claro que nenhum de nós sabe quanto tempo tem de vida. Muito menos sabemos a bênção que é essa "maldição" disfarçada de saber que um dia morreremos. Isso nos incentiva a viver no limite, não subestimar a vida, ser gratos pelo que temos, tratando a vida como o milagre que ela verdadeiramente é.

Meu primeiro contato com essa sabedoria ocorreu há 18 anos, quando Robert, um dos meus melhores amigos, e seu grande amigo foram mortos por um motorista bêbado, a caminho do meu casamento, no Oregon. Robert estaria em minha festa de casamento dois dias depois, como um dos padrinhos. Sua morte me despertou e fez com que eu desacelerasse. Foi o momento mais triste de minha vida e me abalou muito por dentro.

Conheci funcionários de asilos a quem considero santos. Muitos me disseram, brincando, é claro: "Estou sempre esperando que alguém diga que gostaria de ter levado a vida mais a sério." Se todos tirarmos ao menos um instante para pensar, saberemos de coração que, ao olharmos para trás, não desejaríamos ter feito tantas tempestades em copo d´água!

Como sabemos que morreremos algum dia e que vamos olhar para trás e refletir sobre o que foi importante, por que não começar a viver dessa forma hoje? Nesse momento? Por que não planejar nossas vidas, empregos e experiências do dia-a-dia nos baseando na reflexão inevitável de que a morte pode chegar mais cedo do que imaginamos? Não é coincidência que uma das frases mais usadas seja "o tempo voa". Voa mesmo. Mesmo assim, se só pudéssemos viver a vida como sabemos, poderíamos garantir a nós mesmos uma vida rica em realizações. Se respondermos à pergunta de Stephen Levine honestamente e agirmos de acordo, não teremos qualquer arrependimento. Nenhum, sequer.

Para quem você ligaria?

Se eu tivesse uma hora de vida, eu lhe diria para quem eu *não* ligaria. Não ligaria para o meu corretor na Bolsa de Valores, para o gerente de minha conta bancária, nem para meu contador. Não me leve a mal. São ótimas pessoas, mas a última coisa a me preocupar seria quanto dinheiro fiz durante a vida, ou quanto ainda resta. Coisas que teriam parecido importantes, como a taxa de retorno de um investimento, se tornariam inteiramente irrelevantes. Passamos muito tempo de nossas vidas colecionando realizações e nos identificando com elas. No entanto, com apenas uma hora de vida, esses feitos não parecem tão importantes. Eu não ficaria olhando para os meus troféus.

Da mesma forma, não iria ao escritório para ver que projetos de última hora riscaria de minha lista! Afinal, a minha caixa de entrada está sempre cheia. Não verificaria a secretária eletrônica, meu e-mail, nem minha agenda. Todas as assim chamadas "emergências" teriam que esperar. Sempre me questionei se o mundo realmente acabaria se eu não ligasse para essas coisas. Imaginando a mim mesmo olhando ao redor, pronto para partir desse lugar, eu finalmente tenho a resposta. O mundo parece louco como sempre, mas claramente irá continuar sem mim. Acho que eu estava equivocado quanto à importância relativa do meu cantinho. Creio que eu possa ter levado a mim mesmo um pouquinho a sério demais.

Se tivesse uma hora de vida, também não ligaria para ninguém que me devesse dinheiro, ou que me tivesse feito qualquer coisa de errado durante a vida. Eu me pergunto quanto tempo me aborreci com esse tipo de coisa. Não vale a pena pensar nem um segundo sequer. Com o tempo que ainda me resta, me permito descansar em paz total, bem aqui, nesse instante, nesse momento precioso.

Se eu quisesse, poderia me convencer de que muita gente me deve favores, mas, quer saber? Essa não é a hora de pensar nisso. Afinal, acho que a vida não tem a ver com quem deve a quem. Acaba sendo muito mais fácil e divertido simplesmente dar as coisas e ser feliz com isso. No fim das contas, é preciso muito menos energia para dar do que para receber, além do mais, o ato de dar produz sua própria fonte de prazer. Quando você dá algo, seja seu amor, compaixão, uma idéia, sua energia, uma inspiração, algum dinheiro, um bem, criatividade, paixão, tempo, alguma gentileza, ou o que tiver a oferecer, isso gera uma sensação muito boa e, no fim, é o que conta. Nunca me arrependi por uma atitude de gentileza, e jamais encontrei uma única pessoa, em toda a minha vida, que tenha me falado: "Eu gostaria de ter sido menos gentil, ou menos generoso."

Assim como muita gente que já passou dos quarenta, eu tenho lutado contra o peso nos últimos anos. No entanto, posso lhe dizer com convicção que não ligaria para um nutricionista, ou para o meu médico, nem assistiria a um informativo de última hora, na esperança de uma pílula milagrosa que me fizesse parecer dez anos mais jovem, ou dez quilos mais magro. Nada disso. Tenho certeza que qualquer peso extra que eu esteja carregando seria tão importante quanto o volume da minha conta bancária. Numa escala de um a dez, isso valeria zero.

E outra coisa, se eu tivesse uma hora de vida, não ligaria para o advogado que fosse cuidar das minhas coisas depois de minha partida. De qualquer forma, eu nunca liguei muito para isso, pois sempre me pareceu um fardo, no qual eu estava sempre tropeçando. Sempre pareceu coisa demais para lidar. Eu tinha que comprar, limpar, guardar, assegurar, manter, arranjar lugar para colocar, mudar de um lugar para outro, substituir e atualizar, e agora, no fim, decidir quem será o próximo a fazer isso tudo. Quem se importa com isso?

Não. Se eu tivesse uma hora de vida e só pudesse fazer uma ligação, seria para minha parceira de vida, Kris. Nós somos casados há 18 anos, porém, muito mais importante, para mim, é o fato de sermos ótimos amigos há mais de vinte. É difícil escrever isso sem que as lágrimas me venham aos olhos porque sei que, algum dia, terei que fazer essa ligação. E quando fizer, espero que possa ligar para Kris. Melhor ainda, espero poder estar com ela.

Não há uma forma de descrever a melhor coisa em nossa parceria. Parte dela é a alegria. Houve muito riso. Quando estamos juntos, a vida parece muito engraçada a maior parte do tempo. Nem sempre sei se ela está rindo comigo ou de mim, mas, seja como for, ela me ajuda a não levar a vida, nem a mim mesmo, muito a sério. Eu nunca conheci alguém tão humilde como a Kris. Ela é simplesmente ela mesma, completamente confortável com quem é.

Quando nos conhecemos, eu era um dos melhores jogadores de tênis pela faculdade, com planos de me tornar profissional. O problema era que já não estava fazendo aquilo com o coração. Mas gostava muito de agradar as pessoas e tinha dificuldade em ouvir meu próprio coração e decepcionar os outros. Eu me sentia encurralado. Virtualmente, todo mundo que eu conhecia me incentivava a continuar jogando. "Afinal", diziam eles, "você tem muito potencial. Você é um bom jogador e pode se dar bem como profissional." Quem se importava se eu estava infeliz?

Mas alguém acabou se importando, e esse alguém foi a Kris. Ela foi a primeira pessoa que me disse: "Richard, se você não está feliz é hora de desistir de competir e ouvir seu coração. É hora de mudar de rumo." Um mês depois, eu estava dedicando parte do meu tempo ao programa *Big Brothers of America*, e deixei o tênis. Foi uma das primeiras vezes em que ouvi meu coração, em vez de ouvir minha cabeça. Como voluntário, no programa, eu focava as necessidades de outra pessoa em vez das minhas, por isso foi uma das primeiras vezes em que senti prazer interior e satisfação de dar. Aquelas poucas horas semanais significavam mais para mim do que o resto da semana, e eu não sentia a menor falta do tênis. Aquele foi um marco em minha vida, e eu devo isso a Kris.

Kris e eu concordamos que nosso maior prazer é compartilhar nosso tempo com nossas filhas Jazzy e Kenna. Como muitos outros pais, nem consigo começar a explicar a alegria que elas trouxeram às nossas vidas. Eu não trocaria o tempo dedicado a elas por nada no mundo. Suas personalidades são únicas, enfatizando-se que não temos qualquer crédito por quem elas são. Nós cuidamos delas e as guiamos da melhor forma que pudemos e, apesar de termos interferido de vez em quando, tenho a impressão de que elas irão se sair muito bem.

Deus foi bom o bastante para dividir Jazzy e Kenna conosco, e foi isso que sempre nos pareceu: uma bênção e um privilégio. Ambas seguiram seus próprios caminhos, e a gratidão que sinto por estar aqui e vê-las crescer como parte de nossas vidas está além das palavras. Não me arrependo nem um milésimo de segundo pelo meu tempo com elas. Agora eu posso dizer, com alguma autoridade, que é verdade, realmente. Você não irá se arrepender ao dizer não ao escritório, ao seu chefe e a outras obrigações, para dizer sim a seus filhos, a seu parceiro e a sua família. Sei que às vezes pode parecer difícil, mas, sabe de uma coisa? Algum dia, quando você olhar para trás, se sen-

tirá feliz por tê-lo feito, tenho 100% de certeza.
Portanto, não se sinta culpado. Apenas faça as
escolhas certas. No fim, você ficará muito feliz
por isso. Eu garanto.

O que você diria?

Em minha última hora de vida, espero já ter me
despedido de todos os meus amigos e familiares
e de minhas duas filhas. Com uma hora de vida
e apenas uma pessoa com quem compartilhar, eu
escolheria estar em casa com minha mulher, Kris,
preferencialmente junto à lareira acesa, com a
chuva dançando no telhado. E o que eu diria
a ela? Acho que, se pudesse, diria algo assim...

"Kris, o que eu mais gostaria de lhe dizer é o
quanto te amo e considero, e o quanto respeito
nosso relacionamento. Há apenas algumas coisas que eu gostaria que você soubesse, antes de
me despedir.

"Para começar, quero que saiba que se eu tivesse que viver essa vida novamente com você, eu o faria, sem pestanejar. Obrigado por estar presente todas as vezes em que provei querer ser tão humano. Obrigado por aceitar minhas falhas e tudo o mais, por pegar minha mão na sua e por me amar durante o mais alto dos meus altos e o mais baixo dos meus baixos. Você sempre me incentivou a seguir meu coração e, quando me esqueci de ouvi-lo, você sentou-se ao meu lado, silenciosamente, e colocou minha mão sobre meu peito para me lembrar. Você sempre me disse que seguir o coração era bem mais importante do que qualquer grau de sucesso, e o seu maior desejo era que eu fosse feliz. E eu sempre soube que você estava me dizendo a verdade.

"Obrigado por sempre ter sido uma mãe tão maravilhosa para nossas lindas filhas. Eu nunca disse o suficiente o quanto sou grato pelo amor diário que você dedica à nossa família e a inacreditável ternura que compartilha com as pessoas de nossa comunidade. Considero-me um homem de sorte por ter dividido minha vida com alguém tão terno.

"O que lembro com mais carinho são os momentos em que caminhamos de mãos dadas com as crianças, junto ao mar. Como sempre adorei o barulho das ondas quebrando, as belas rochas, os pássaros voando e a baleia que às vezes passava nadando. Eu adorava quando o vento despenteava seus cabelos e adorava mais ainda por você nem ligar.

"Também amei as caminhadas que fizemos em nosso jardim durante os verões e, principalmente, ver os girassóis que você plantava todo ano. Sua flor favorita, sempre sorrindo, linda, aberta e amistosa! Lembra como sempre dissemos o quanto é difícil ficar deprimido quando se tem um girassol? Como os colhíamos e trazíamos para dentro de nosso lar para iluminá-lo?

"Nem tudo era só felicidade e calmaria. Mas, quando olho para trás, até aqueles períodos que pareceram tão difíceis, agora surgem para mim como partes necessárias da jornada, partes integrais da trama de nossas vidas juntos.

"Você, provavelmente, se lembra bem da época crucial na minha carreira de escritor quando eu já não agüentava mais e pensei em desistir. Escrever era minha paixão, o trabalho dos meus sonhos, que eu amava mesmo ao fazê-lo de graça. O problema era que, mesmo depois de nove livros e duas crianças, era quase tudo o que eu fazia! Nós mal ganhávamos dinheiro com os livros, e eu precisava trabalhar neles no meio da noite, porque fazia outras coisas durante o dia para pagar as contas.

"Eu me lembro de fantasiar sobre como seria ótimo não precisar mais dormir e literalmente me gabava para você e outras pessoas sobre dormir menos de quatro horas por noite. Você me disse, 'Tenha cuidado com o que pede', e como você estava certa! Mal sabia que a minha obsessão se transformaria numa grande disfunção do sono, com insônia, e tudo mais. É engraçado. Eu passei os doze primeiros anos de nosso casamento tentando me manter acordado e, desde então, tento, desesperadamente, dormir um pouco!

"Quando finalmente ganhamos algum dinheiro, eu resolvi começar minha própria empresa virtual. Claramente, havia perdido minha humildade e achei que tinha o toque mágico. Bem, aquilo não durou muito, não foi? Adorei a forma com que você manteve seu senso de humor durante aquela provação. Eu devo ter parecido um imenso idiota, mas você simplesmente achou tudo inacreditavelmente engraçado. Mesmo quando lhe disse que podíamos perder tudo e você viu o medo nos meus olhos, tudo que fez foi ouvir. Nunca perdeu a calma e jamais me deu sermões.

"Em vez disso, Kris, você continuava insistindo que tínhamos um ao outro, que as crianças eram saudáveis, e que isso era o mais importante. Agora, com aquele caos e a insensatez para trás, posso ver que estava certa. Mesmo se tivéssemos perdido tudo, não teria sido o fim do mundo. Teríamos encontrado um meio de seguir adiante, como todos. Com aquela experiência, eu aprendi muito sobre a ganância e o quanto ela é sedutora. Vi como a nossa vida melhorou desde então, e como nos tornamos mais satisfeitos com o que temos.

"Quantas vezes ficamos deitados na cama, tomando café juntos, de manhã, bem cedo? Devem ter sido milhares. Esse sempre foi meu ritual favorito com você – primeiro o café, depois nossa breve meditação. Não é engraçado que tudo que amamos juntos nunca tenha custado muito dinheiro? Eu me lembro de quando éramos bem jovens e você me deu aquele cartaz que dizia "As melhores coisas da vida não são coisas". Você certamente estava certa quanto a isso. Sabe, Kris, você estava certa sobre muitas coisas. Eu recebi muito crédito público com o passar dos anos, mas, na verdade, era você quem acertava na mosca.

Você se lembra da noite em que minha avó Emily morreu? Eu havia passado muito tempo com ela em seus últimos dias, mas não pude estar lá quando faleceu. Quando meu pai ligou para me contar, eu não consegui me conter. Baixei minha cabeça sobre a mesa e comecei a chorar. Você entrou na sala e logo soube o que acontecera. Sabia que ela havia partido. Lembro que você me abraçou por muito, muito tempo. Cerca de uma hora depois, você finalmente disse: 'A vovó está perfeitamente bem, agora, e ainda o ama muito. Vai ficar tudo bem.' Kris, não sei se foi o que você disse, ou a forma como falou, mas realmente ajudou.

"Deixando as coisas grandes de lado, houve vezes, centenas delas, em que fiz tempestades em copo d'água. Você sempre sorria e dizia, 'Bem, sempre ensinamos melhor aquilo que mais precisamos aprender', me lembrando, carinhosamente, de que não sou uma exceção ao resto da humanidade.

"Se eu pudesse viver essa vida novamente, eu passaria menos tempo falando e mais tempo ouvindo, principalmente você e as crianças. Ao me despedir das meninas, eu chorei pois percebi que nem de longe as ouvi o bastante ao longo dos anos, e elas têm muito a dizer. Em minhas tentativas de compartilhar minha própria sabedoria, eu acabei deixando de ouvir a delas. Isso é algo que eu certamente mudaria, e teria sido fácil fazê-lo.

"Lembra-se de quando eu e Jazzy fomos para o litoral num programa de pai e filha? Ela estava com uns cinco anos, e passou uma hora no quarto de hotel se arrumando toda, colocando seu vestido mais bonito. Depois que eu lhe disse como estava linda, também falei que adoraria levá-la a qualquer lugar que quisesse para jantar, algum lugar à beira-mar. Ela pensou por um minuto, depois deu a resposta: 'Taco Bell!' Então, lá fomos nós, ao Taco Bell, com seu lindo vestido, e sentamos no penhasco, olhando o Oceano Pacífico. Ela ainda se lembra desse passeio, e eu também.

"Quando Kenna tinha seis anos, ela e eu subimos a montanha e ficamos num belo hotel, próximo a Lake Tahoe. Nossa intenção era brincar na neve nesse dia, mas nos divertimos tanto no quarto que nem chegamos a sair dele. Kenna pulava de uma cama para outra e fez desenhos que colou com fita crepe por todas as janelas. Brincamos de jogos que ela inventou, e o serviço de quarto estava perfeito! Já passava de meia-noite quando ela finalmente caiu no sono, em meus braços. Eu me senti tão jovem naquele dia! Jamais me esquecerei de simplesmente segurá-la e olhá-la, com lágrimas de felicidade nos olhos, pensando comigo mesmo em como pude ter tanta sorte nesse mundo.

"Kris, se eu pudesse viver minha vida novamente, gastaria muito menos energia querendo coisas que não tivesse e muito mais aproveitando as que já possuísse. A idéia de que a felicidade vem do fato de querermos o que temos, em vez de conseguirmos o que queremos, é algo tão óbvio e está bem debaixo de nosso nariz a vida toda, e você sempre pareceu saber disso melhor que eu.

"Essa é outra coisa da qual estou absolutamente certo: Se pudesse viver minha vida novamente, raramente teria tanta pressa. Qual o sentido? Você chega ao fim da vida e finalmente pára e reflete, e tudo fica tão claro. Você vê o absurdo de toda essa correria. Na verdade, parece tão engraçado e ridículo. Essa 'caça aos ratos' é uma ilusão, e tão desnecessária. Para que corremos de um lado para outro? Tudo que isso faz é nos impedir de experimentar a vida de alguma forma significativa, profunda. Agora posso ver que as pessoas estão tentando perseguir a felicidade. No entanto, é irônico, pois, se simplesmente desacelerássemos, a felicidade nos alcançaria.

"Passei metade de minha vida tentando ensinar os outros a serem 'presentes', mas, ao olhar para trás, minha própria pressa me impediu de ser presente como poderia ter sido. Poderia ter sido até mais feliz e alegre, simplesmente diminuindo o ritmo e aproveitando a viagem. De qualquer forma, para onde eu estava correndo? Sempre estive bem aqui, e é aqui que continuo! Agora tudo parece tão engraçado e tão óbvio.

"Essa é uma das coisas que mais admiro em você, Kris: sua habilidade para estar 'presente' comigo e com os outros, e com a vida, de maneira geral. Você não corre de um lado para outro, como a maioria de nós. Parece conseguir estar 'aqui agora' sempre que está comigo. É por isso que sempre me senti tão especial ao seu lado. Quando estou com você, sinto que não há outro lugar em que você gostaria de estar, mesmo que tenha milhares de coisas a fazer. Nunca tive a sensação de que precisávamos sair correndo para Paris ou Roma para nos divertir. Sempre foi divertido apenas ficar com você. Quando você pegava a minha mão e caminhávamos até o quintal dos fundos, depois de um longo dia, sempre dava a sensação de estarmos de férias. Depois sentávamos e bebíamos uma água gelada. Lembra como sempre brinquei, dizendo que meia hora com você no quintal era mais relaxante do que três dias num spa? Você sabia exatamente do que eu precisava e como me acalmar, apenas sendo calma também. Que bênção isso foi para mim, todos esses anos.

"Se fosse viver minha vida novamente, jamais deixaria de lado, com tanta facilidade, ou tanta freqüência, o que, no fundo, eu queria fazer. Deus, se eu soubesse como isso era errado! Quero dizer, acho que sabia, realmente sabia, mas ainda assim o fazia. Deixava de lado coisas realmente importantes. Dizia coisas do tipo 'Essa é uma época muito movimentada', como se, de alguma forma, no mês seguinte, por alguma mágica, fosse estar menos ocupado. Caí nas armadilhas que ensinava os outros a evitar. Você sempre teve aquela postura de 'não há época como o presente para se divertir, e as pilhas de papel e ligações para retornar ainda estarão aí quando voltarmos'. E você estava sempre certa. Então, você pegava minha mão e a apertava carinhosamente, e lá íamos nós. Graças a Deus um de nós tinha um pouco de bom senso!

"O que eu mais amava em você, Kris, é que nunca senti, nem uma vez sequer, desde que a conheci, que você não me amasse exatamente pelo que sou. Quando estava por cima, aquilo não a impressionava muito e, quando caí, você sempre esteve lá para mim, todas as vezes. Nada a perturbava, e você jamais esperou que eu fosse perfeito, nada além de um cara comum, com falhas e dificuldades como todo mundo. Mesmo quando o mundo ao meu redor achava que tudo estava bem, mas, lá no fundo, eu estava sofrendo, você não hesitou, continuou me amando. Você me amou da forma mais incondicional que se pode amar, assim como a vi fazendo com outras pessoas: seus amigos, nossas filhas, outros membros da família, e gente que tentávamos ajudar. Ser amado dessa forma pela pessoa que você mais ama no mundo é realmente uma sensação inacreditável. Nem sei o que dizer sobre isso, exceto que, se pudesse viver essa vida novamente, até eu gostaria de ser mais assim.

"Costuma-se dizer, ao se olhar para a vida que passou, que ela reprisa diante de seus olhos. Isso não é bem o que estou vivenciando, mas algumas coisas estão se tornando muito claras. Se pudesse viver novamente, Kris, eu seria mais amoroso com você e com todos os outros também, e esperaria muito menos em retribuição. Agora vejo que a vida tem a ver com amar, compartilhar, ter compaixão e gentileza. Madre Teresa disse: 'Não podemos fazer grandes coisas nessa vida. Só podemos fazer pequenas coisas, com muito amor.' Fico muito feliz que tenhamos vivido nossa vida compartilhando esse princípio, sabendo, também, que até as pequenas coisas podem ser grandes, quando nosso coração está no lugar certo.

"Sou tão orgulhoso de você, Kris, e tão grato por você ser uma das pessoas desse mundo que tem o coração no lugar certo. Você deve ter me perguntado pelo menos umas cem vezes: 'Afinal, por que estamos aqui?' E, ao seu lado, eu passei a acreditar que estamos aqui para servir aos outros e a Deus. Tudo o mais é secundário, porque o amor, a gentileza, a compaixão, o carinho e uma alma generosa duram para sempre.

"Eu nunca vou esquecê-la, Kris, e jamais esquecerei nossas duas filhas magníficas. Obrigado por dividir sua vida comigo. Agora vai ficar tudo bem. Sei que para mim vai, e principalmente para você e as meninas. Todas vocês possuem muita sabedoria e muito pela frente. Eu as amo demais. Essa tem sido uma jornada magnífica.

"É quase hora de me despedir e, em meu coração, eu sei que não será para sempre. Sei que a verei novamente, de alguma forma, em algum lugar. Eu gostaria de passar os momentos que ainda teremos juntos, quieto, com você, ouvindo a chuva e o estalar da lareira. Quero abraçá-la mais uma última vez, um abração, de urso. Se eu pudesse viver essa vida novamente, eu passaria muito mais tempo abraçando as pessoas, principalmente você e as meninas. Obrigado, Kris. Obrigado por simplesmente ser você. Eu te amo."

Por que você está esperando?

A chave para uma vida boa é essa. Se você não vai falar sobre algo durante a sua última hora de vida, então, não faça disso uma prioridade durante a sua vida inteira.

Quando você realmente pensa sobre isso, já é um milagre que estejamos aqui, para começar. A vida em si já é uma aventura incrível! Quando Kenna era bem pequena, ela costumava acordar de manhã e perguntar para a Kris, 'Mamãe, vou ganhar outro desses?', se referindo a outro dia! Eu ficava arrepiado sempre que a ouvia dizer isso. Ela estava acertando em cheio. Imagine ser tão grato a ponto de acordar feliz todos os dias só por estar vivo, respirando, desfrutando da beleza da natureza, e talvez até sentar ao lado de alguém que você ame. Em poucas palavras, é isso que tem valor ao sabermos que estamos prestes a morrer. De repente, o instante em que estamos, esse, agora mesmo, nos enche de pensamentos e sentimentos positivos. Se ao menos pudéssemos perceber que milagre é a vida, nossas vidas significariam muito mais para nós, no dia-a-dia, ou a cada instante.

Não me interprete mal. Todos nós temos obrigações, responsabilidades, metas e prioridades que são relevantes, tais como nossa segurança financeira, carreira e prestígio social. Temos objetivos, sonhos, ambições e obstáculos a serem ultrapassados. Também temos desafios únicos a encarar, barreiras a escalar, pessoas a conhecer, e todos os tipos de relacionamento a viver, e por aí vai. Temos até as coisas superficiais em nosso caminho, como nosso estilo de vida, quanto dinheiro fazemos, o tipo de carro que dirigimos, os bens que acumulamos, como está nossa aparência, e assim por diante. Está tudo bem e aceitável quanto a tudo isso. Mas nada disso é o que vai nos fazer feliz. O que vai nos deixar felizes e contentes é aquele 'pedacinho crucial', as coisas sobre as quais falaremos em nossa última hora de vida. Precisamos fazer escolhas em nossas vidas, agora, baseados no que é verdadeiramente importante. Portanto, se você tivesse apenas uma hora de vida, com quem falaria? Sobre o que falaria nessa hora final? Mais importante, por que está esperando?

UMA HORA PARA AMAR

por Kristine Carlson

Escrevo isso como um tributo à autenticidade da sabedoria de Richard. Como sua esposa, eu posso testemunhar sua maneira de viver e o que fez melhor: amou plenamente e viveu de forma presente. Escrevo isso como uma extensão de sua mensagem e como um meio de retribuir a todos os que nos deram tanto, ao longo dos anos. Escrevo em retribuição ao seu presente a mim, três anos antes de sua morte, em nosso 18° aniversário de casamento. Também escrevo isso como um presente a mim mesma e às nossas filhas, Jasmine e Kenna, no início desse intenso processo de pesar por sua perda.

Essa resposta parece originada de um fim, ou, pelo menos, é isso que os outros são levados a crer, a julgar pelos sentimentos expressos nos cartões de condolências. A morte de Richard me abalou profundamente, me expôs até o âmago e me deixou da forma mais vulnerável que já estive. Para minha surpresa, nesse desnudamento eu descobri um milagre.

Na morte de Richard, eu despertei de um sono profundo para o renascimento de meu espírito. Esse processo (e é um processo) tem sido tanto torturante quanto abençoado. Bênção geralmente não é uma palavra associada à morte, nas mentes daqueles que conheço, incluindo eu mesma. No entanto, foi isso que descobri.

Em vida, Richard e eu compartilhamos uma ligação notável, que não morre com o corpo. Na primeira vez que nos encontramos foi como um regresso ao lar. Nosso amor cresceu e nós crescemos junto, como almas gêmeas e parceiros, em todos os sentidos da palavra. Nossa vida em comum passou dos 25 anos, e jamais houve dúvida quanto ao fato de que passaríamos a vida inteira juntos, que, aliás, achamos seria bem mais longa.

Então, em 13 de dezembro de 2006, Richard saiu pela porta, pegou um avião e não voltou. Ele teve uma morte súbita e indolor, por embolia pulmonar, enquanto dormia.

Agora eu compreendo por que quando um dos membros do casal morre, depois de estarem juntos por tantos anos, o outro se vai logo em seguida. Tenho apenas 43 anos e sei como é insuportavelmente difícil a dor da separação; o vazio, às vezes, me faz cair de joelhos. Se eu não continuasse a sentir o amor de Richard e a ligação com ele, no fundo de minha alma, não teria sobrevivido à sua perda. Disso, eu tenho 100% de certeza.

O pesar é o mais absoluto ato de amor, ou, pelo menos, pode ser. O amor detém todas as possibilidades, e isso inclui a alegria diante do sofrimento incomensurável e o ganho através da perda. Fico aliviada que nesse processo haja esses pequenos tesouros, porque eu não acho que alguém sairia desse pesar, se não fosse assim.

Por causa do amor, há um começo nesse fim. Pelo imenso amor que Richard e eu compartilhamos em nossos anos juntos, eu sou capaz de ir muito além, em vez de cair no abismo de tristeza por sua ausência. Uma coisa de que sou totalmente consciente é que estou diante de uma escolha de como viver essa jornada. É como se eu estivesse de frente para duas portas. Ao virar para a direita, eu abro uma porta para uma luz de tirar o fôlego, uma consciência divina e um amor abundante. Virando à esquerda, eu abro a porta para a mais profunda escuridão de uma noite negra. Ao ficar diante de ambas as portas, abraçando as duas possibilidades, eu percebo o poder de minhas escolhas.

A vida é uma série de opções que nos levam potencialmente a muitos lugares, e, mesmo que antes da tragédia você pense que não poderia sobreviver, ainda há uma escolha de como seguir adiante. Eu nunca sonhei que pudesse ser capaz de viver uma hora sem Richard e, na verdade, após um desejo de morte inicial diante da notícia de que aquela hora era agora, me veio a imagem de minhas filhas e eu soube que precisava, que iria seguir adiante. Escolher partir simplesmente não era uma opção. Como podemos deixar de escolher e expressar nosso próprio destino, se estamos constantemente escolhendo que porta abrir?

Em diversos dias, ao experimentar integralmente a humanidade de meu pesar, eu escolherei uma porta diferente, atravessando cada momento conforme se apresenta, abraçando a luz e a escuridão, vivendo a plenitude de cada um. A verdade é que, em meio à mágoa, à saudade e à perda, eu também vivo uma enorme gratidão pela abertura e pelo despertar dessa experiência, ao me comprometer em jamais voltar a andar pela vida como uma sonâmbula. Quando se diz que a vida continua para os que ficam, deveríamos corrigir essa afirmação dizendo que a vida continua para os que ficam inteiramente acordados.

Freqüentemente, quando as pessoas expressam seus sentimentos, mencionam o quanto lamentam e como é injusto. Muitas vezes eu perguntei: 'Por que isso aconteceu conosco?' (e, acredite, eu passo por cada emoção imaginável, a cada dia). Isso é injusto? A morte é uma condição humana que talvez seja injusta a todos nós, no entanto, nenhum de nós irá escapar. A verdade é que muitas pessoas vivem sob a ilusão de que, contanto que sejamos bons, apenas coisas boas irão nos acontecer. E que se comermos corretamente, nos exercitarmos e fizermos tudo de bom, viveremos como se jamais fôssemos morrer. Realmente não é uma questão de justiça. Eu me pergunto como todas as bênçãos que tive ao longo da vida mágica com Richard poderiam me fazer sentir que qualquer coisa possa ter sido injusta, incluindo sua partida prematura. O fato de eu não ter a tendência a esse tipo de ressentimento por sua perda é uma prova de seu amor e da forma como navegamos juntos pela vida. É uma prova do poder do amor e da vida bem vivida.

As pessoas me perguntam muito sobre meu futuro e eu digo: que futuro? Só tenho que me preocupar com o agora. Permanecer no presente é a única forma para que eu possa sobreviver a isso e não cair no buraco negro que nos aguarda a todos, se permitirmos. Só posso falar por esse momento e esse dia, como Richard me ensinou, dando o exemplo de que isso é realmente tudo que cada um de nós possui.

Na verdade, a exceção era quando Richard saltava à frente e olhava para trás. Ele questionava sua imortalidade de modo a viver mais integralmente no presente, como se cada dia fosse ser seu último. É sobre isso a sua mensagem de nosso aniversário de casamento. Que presente! Meu marido realmente me escreveu uma carta caso ele pudesse subitamente sair pela porta e não voltar. E, no final, ele deixou essa terra notavelmente pleno, e me deu um consolo e uma paz diante da noite escura da alma. Que exemplo profundo de seu legado, que professor espantoso! Richard viveu como um homem comum, desejando dizer coisas extraordinárias e viver, com a mais alta integridade, os princípios que ele sugeria: a humildade e a gratidão. Não importava quem fosse, seu assistente particular, um vendedor da quitanda ou o Dalai Lama, ele tratava a todos com a mesma gentileza e amabilidade.

Eu aprendi muito com o Richard durante nosso tempo juntos. Quem poderia saber que eu aprenderia o mesmo tanto com sua morte? Eu jamais conheci algo tão eficaz quanto uma perda súbita para derrubar as barreiras do ego e abrir o espírito. Eu costumava assistir às palestras de Richard e vê-lo ir até bem fundo dentro de si e seu divino estado de ser. Sua presença era muito poderosa. Ele não usava uma voz explosiva, era mais um sussurro. Tinha uma natureza tão tranqüila que chegava a ser hipnótica. Seu público mal respirava para poder ouvir cada palavra. Era mágico, pois ele transpirava paz interior e autenticidade, e todos na sala sentiam sua presença.

Na abertura de meu espírito por sua perda, encontrei significado em levar adiante o legado da vida e da mensagem de Richard. Para mim, é impossível pensar em prosseguir nesse mundo de qualquer outra forma. A vida é uma grande experiência que contém tudo, e grande parte dos acontecimentos não escolhemos conscientemente, principalmente o sofrimento. Richard e eu agora nos encontramos espiritualmente, mediante a consciência divina. Nosso amor prossegue como um conduíte, transcendendo as barreiras do tempo e do espaço. Enquanto a separação humana é dolorosa, na melhor das hipóteses, eu descobri a paz em saber que o grande amor é realmente eterno.

Essa é uma história de amor, mas também revela um caso de amor com a vida. Nosso amor é um exemplo do que é possível em todos os relacionamentos. Qualquer um de nós pode tirar um tempo para perceber e ser grato pelas bênçãos vindas de alguém significativo, seja nosso esposo, nossos pais, filhos, irmãos, professores ou amigos. Por que guardamos o que está em nossos corações e subestimamos aquelas pessoas mais especiais, com quem passamos mais tempo? As pessoas querem ter ciência de que viveram bem, amaram bem, e cada um de nós tem o poder de compartilhar essa dádiva. A pergunta mais importante que fazemos é: Que tipo de relacionamento desejamos e como podemos nutrir os outros, para que sejamos nutridos? Por que esperar para dividir o significado desses relacionamentos e guardar o presente de dar o mais extraordinário tipo de amor, a gratidão de coração? Todos nós podemos deixar esse mundo tão realizados quanto Richard, ao reservar um tempo para refletir sobre o que representam nossas ligações mais significativas, e como podemos servir melhor. Por que você está esperando?

Amar Richard e ser amada por ele com uma força tão incondicional realmente me curou e mudou o curso de minha vida como ser humano. Mesmo durante nossas épocas mais duras, lidando com o estresse da vida diária, como todos, nós o fazíamos com amor um pelo outro e por nossas filhas. Raramente descontávamos nosso baixo-astral um no outro e, se o fizéssemos, havia um pedido de desculpas imediato, seguido por uma conexão sincera. Mais importante do que a força de nossa ligação era sempre a pergunta 'como posso ajudar e apoiar você?'. Tínhamos total respeito um pelo outro e, se por um lado éramos uma equipe, também reconhecíamos nossa individualidade. Nosso relacionamento era algo raro nesse mundo, como se estivéssemos constantemente lançando uma bola, com tranqüilidade, de um lado para o outro.

Para ser perfeitamente clara, tudo que Richard escreveu para mim nessa carta serviria como um reflexo no espelho de tudo o que ele me deu, e ainda mais. A verdade é que eu tive que trabalhar duro para acrescentar peso ao nosso casamento e à nossa vida comum, pois Richard parecia possuir uma energia sem limites e jamais se cansava de servir. Sempre me espantou como ele conseguia ter uma carreira em tempo integral, ser totalmente dedicado à família, almoçar com os amigos, ir a todos os jogos de futebol e competições de animadoras de torcida das filhas e, freqüentemente, trazer o jantar às cinco da tarde. Ele era o homem mais calmo e produtivo que existia. Mesmo com o sofrimento físico que suportou nos últimos três anos, devido aos problemas de coluna, ele nunca reclamava nem preocupava ninguém ao seu redor. Voltava-se para si, para sua natureza divina, em busca de consolo, escrevendo ainda mais livros e colunas. Ele deixou essa terra com o mínimo apego às coisas materiais, mas uma imensa gratidão pelo amor e a ligação que mantinha em seus relacionamentos. Richard Carlson esteve entre nós e serviu como exemplo de um homem de coração puro que viveu e amou com intenção divina.

Eu sinto Richard a cada dia. Quando estou em minha natureza mais íntima, eu o trago em meu coração. Posso ouvi-lo como um sussurro saindo do barulho da incerteza, do medo e da perda. O casamento é o vínculo do físico e do espiritual. Eu perdi Richard no sentido físico, mas nossa ligação espiritual permanece. O amor dura, sim, para sempre. Há uma ordem divina. Eu acredito que mesmo os mínimos atos de amor, aparentemente insignificantes, perduram para sempre.

SE O AMANHÃ NUNCA CHEGAR*

Se eu soubesse que essa seria a última vez que o veria adormecer,
Eu o teria coberto, rezando ao Senhor para sua alma proteger.
Se soubesse que seria a última vez que o veria sair pela porta,
Eu o teria beijado e abraçado, e de novo, puxando-o de volta.

Se intuísse que seria a última vez que ouviria sua voz a louvar,
Teria gravado cada palavra e cada gesto, para melhor decorar.
Se soubesse que seria a última vez, mais minutos eu gastaria
Para repetir 'Eu te Amo', mesmo sabendo que você já sabia.

Então, se não houver amanhã, e hoje for tudo o que possa ter,
Gostaria de dizer o quanto o amo, para você jamais esquecer.
O amanhã, nem para o jovem, nem para o velho é garantido
Hoje é, portanto, dia de abraçar forte quem lhe é mais querido.

Uma idéia: em vez de esperar, por que não fazer acontecer?
Pois se amanhã não vier, você vai desse dia se arrepender
Por não ter sorrido, abraçado, beijado, por estar bem ocupado
Por não ter concedido, afinal, o último desejo de um condenado.

---

* O poema favorito de Richard é de Norma Cornett Marek, e foi dedicado
à doce memória de Sammy, filho da autora.

Vamos lá, abrace hoje seus amados, e sussurre em seus ouvidos
O muito que você os ama, que todos eles são seus preferidos.
Espalhe o perdão, o obrigado, entenda que o outro quer acertar
E, se amanhã nunca chegar, você não terá razões para se culpar.

Escreva suas próprias respostas às perguntas:
"Se você tivesse uma hora de vida e só pudesse fazer uma ligação telefônica, para quem seria, o que diria e por que está esperando?"

_____
_____
_____
_____
_____
_____
_____
_____
_____
_____
_____
_____
_____
_____
_____
_____
_____

Os livros de RICHARD CARLSON publicados pela Rocco:

NÃO FAÇA TEMPESTADE EM COPO D'ÁGUA...
NÃO FAÇA TEMPESTADE EM COPO D'ÁGUA NO TRABALHO
NÃO FAÇA TEMPESTADE EM COPO D'ÁGUA COM A FAMÍLIA
NÃO FAÇA TEMPESTADE EM COPO D'ÁGUA PARA ADOLESCENTES
NÃO FAÇA TEMPESTADE EM COPO D'ÁGUA PARA HOMENS
NÃO FAÇA TEMPESTADE PARA OS PAIS
COMO ENFRENTAR SUAS TEMPESTADES
NÃO FAÇA TEMPESTADE PARA CASAIS
NÃO FAÇA TEMPESTADE – O LIVRO DE PENSAMENTOS

Com KRISTINE CARLSON
NÃO FAÇA TEMPESTADE EM COPO D'ÁGUA NO AMOR
NÃO FAÇA TEMPESTADE EM COPO D'ÁGUA PARA MULHERES

Este livro foi impresso na Editora JPA Ltda.,
Av. Brasil, 10.600 – Rio de Janeiro – RJ,
para a Editora Rocco Ltda.